최홍규 제5시집

은빛 기찻길

은빛 기찻길

은빛 기찻길

2024년 9월 20일 제1판 인쇄 발행

지은이 · 최홍규
펴낸이 · 김선자
펴낸곳 · 도서출판 태영
서울시 중구 충무로 5길 11, 5층
등록번호 제2018-000071호
전화 02)2266-0412

값 15,000원
메일 choikr3412@daum.net

ISBN 979-11-91548-22-8-03800

※ 잘못 만들어진 책은 바꿔드립니다.
 이 책 내용의 일부 또는 전부를 재사용하려면
 반드시 저작권자의 동의를 얻어야 합니다.

시인__최흥규

- 1962년 김제(청하)출생
- 한국문인협회 회원
- 동대문구문인협회 회원
- 세일디자인 운영
- 전주MBC 친절수기 우수상
- 제1회 광진문학상 대상(시부분)
- 서울특별시 의장상
- 저서: 제1시집 님의향기
    제2시집 사랑아 가지마라
    제3시집 꽃이 지고 나면
    제4시집 꽃이 시집기는 날
- 이메일:choikr3412@daum.ne

시인의 말

시집 10권을 출간하고 싶은 마음이
중간쯤 달성한 것 같아서 기쁩니다.

사람은 누구나 시인입니다.
하여, 특별한 것도 없습니다.

빛은 사물을 만들고, 사물은 빛을 느낍니다.
저는 이 빛의 에너지로 글을 써 왔습니다.

힘들고 고단한 사람들에게 제 글이 조금이라도
희망과 용기가 생겼으면 좋겠습니다.

제5시집

추천서

추 천 서

삼복기간에는 "입술에 묻은 밥알마저 무겁다"라는 속담이 있습니다. 그만큼 무덥고 힘든 시기라는 뜻이겠지요. 이러한 여름철에 최홍규 시인의 다섯 번째 시집 출간 소식은 캄캄한 하늘을 밝히는 희소식이며 시원함을 전해주는 신선한 바람과 같습니다. 최홍규 시인이 이 시집을 통해 이웃에게 위안이 되는 따뜻한 시가 되고, 독자들에게 큰 위로와 기쁨을 주시길 기원합니다.

"꽃을 쓸 때는 꽃을 자세히 봐야 한다"는 말처럼, 최홍규 시인은 사물과 세상을 깊은 시선으로 바라보며 그 감정을 시로 풀어내는 능력이 탁월합니다. 최홍규 시인의 작품은 독자들에게 공감과 감동을 선사하며, 우주의 깊은 곳에서 캐낸 보석과 같은 시들입니다. 제가 최홍규 시인을 알게 된 것은 몇 년은 안 되지만 그분의 글쓰기에 대한 열정과 살아 숨 쉬는 듯한 글의 흐름에 깊이 감명을 받았습니다.

최홍규 시인의 다섯 번째 시집 '은빛 기찻길' 출간을 진심으로 축하드립니다. 앞으로도 꾸준히 창작 활동을 이어가며, 사회와 문단에서 존경받는 문인이 되시길 바랍니다. 추천서를 쓰는 오늘은 행복하고 마음이 차분해지고 고요합니다. 최홍규 시인의 앞날에 무궁한 발전과 행운이 함께하길 기원합니다. 감사합니다.

2024년 7월
제24대 서울특별시의회 의장 김인호

추 천 서

혹독한 장마철에 시원한 바람과 그것에 흔들리는 시원한 나뭇잎들, 作家 최흥규 詩人께서 금번에 다섯 번째 詩集을 發刊하게 되었다고 微賤한 저에게 推薦書를 부탁하여 캄캄한 밤 하늘을 환하게 밝히는 喜消息에 그 무엇보다도 고맙고 感謝한 마음이 들었습니다.

만물을 키워 낸 땅에서 말을 걸고, 대답하는 우주 공간에서 그 무엇을 캐내서 詩를 쓴다는 것이 얼마나 어렵고 힘든 일인데 5集을 발간하게 되였다니 얼마나 자랑스럽고 부러운지 모르겠습니다.

저는 文學과 詩는 관심은 있었지만, 깊이 있게 잘 모르는 분야인데 최흥규 詩人을 알게 되여 많은 관심을 가지게 되었고, 그와는 全州 崔氏 平度公 宗中을 출입하면서 약 3년 전부터 알게 된 것 같습니다.

그는 글쓰기의 熱情이 남달리 대단하시고 살아 움직이는 글의 물줄기와 脈을 잘 짚는 것 같아서 훌륭한 문학인이라고 평소에 느껴왔고 그를 좀 더 일찍 만나지 못한 아쉬움 또한 지울 수가 없었답니다.

최흥규 詩人의 5번째 詩集 '銀빛 기찻길' 출간을 진심으로 祝賀드리면서 앞으로도 계속 發展하고 정진하여 韓國 文團

에서 우뚝 솟아나는 詩人이 되어서 모든 이에게 사랑받고 尊敬받는 文人이 되시길 간절히 바라는 바입니다.

최흥규 詩人의 앞날에 健康과 幸福을 빌고, 家庭 및 職場에서 항상 平和가 함께 하시길 祈願합니다. 고맙고 感謝합니다.

2024년 7월
목포일보 전 부사장/전주 최씨 평도공 전 감사 光菴 崔承奎 씀

차 례

1. 조국 독립의 꽃 최재형…13
2. 행복이란 것…14
3. 남한산성…15
4. 의리…16
5. 선물…18
6. 엄마…19
7. 삶…20
8. 봄…21
9. 3월이 걸어온다…23
10. 나를 성찰하다…24
11. 바람의 노래…25
12. 숲속에서 읊조리다…26
13. 봄비…27
14. 밤꽃…28
15. 고향은행…29
16. 떠나는 잎…30
17. 좋은예감…31
18. 막노동자…32
19. 나는 천사를 보았네…33
20. 그대의 등…34
21. 단풍 연습…35
22. 나는 꽃이 되고 싶다…36

차례

23. 라일락 꽃…37

24. 그냥…38

25. 새벽 숲…39

26. 벚꽃, 임이 되다…40

27. 둥글둥글…41

28. 여보게 친구…42

29. 배려…43

30. 넓다는 것…44

31. 그리움…45

32. 은빛 기찻길…46

33. 개나리 꽃…47

34. 제비꽃…48

35. 아이는 시를 준다…49

36. 고목…51

37. 봉사…52

38. 안부…53

39. 무명가수…54

40. 천둥비…55

41. 창작…56

42. 신호등 앞에서…57

43. 그러려니…58

44. 스마트폰…59

45. 삶을 음악과 함께…60

46. 할아버지 시향제…61

47. 통증…62

48. 수박…63

49. 초승달…64

50. 꽃이 시집가는 날…65

51. 오월의 시…66

52. 공空…67

53. 꽃이 말하다…68

54. 말을 아껴야…69

55. 물꽃…70

56. 단감…71

57. 동반자…72

58. 사랑이 지나가면…73

59. 꽃병과 약병 사이…74

60. 새벽이 되면…75

61. 품는 삶…76

62. 습관…77

63. 생각의 돌…79

64. 하관下棺…80

65. 아침 단상…81

66. 발…82

차 례

67. 옹이…83
68. 죽음을 배워야 한다…84
69. 조상님 묘 앞에서…85
70. 출근길에, 중얼거리다…86
71. 진눈깨비…87
72. 노릇하기…88
73. 한탄강…89
74. 고향 주막집…90
75. 순리…91
76. 친구에게…92
77. 꽃으로, 아버지…93
78. 성공한 사람은…94
79. 비야…95
80. 잡초…97
81. 가을이어라…98
82. 봄동…99
83. 삶의 가시…100
84. 나의 졸시는…101
85. 폭염…102
86. 몸뚱어리, 회가 되어…103
87. 편지…104
88. 코스모스…105

89. 행복하지요…106

90. 폭우…107

91. 친구의 부음…109

92. 장한평역 3번 출구…110

93. 삼부연 폭포…111

94. 넝쿨꽃, 그녀…112

95. 향기나는 친구…113

96. 그대 참 아름다워요…114

97. 일어나요 김인호…115

제5시집

은빛 기찻길

제5시집

은빛 기찻길

1. 조국 독립의 꽃 최재형

나라 잃은 한 맺힘에 억장은 무너지고
러시아 추위보다 내 심장이 더 춥다시던
조국 사랑에 불사른 저 별 하나 솟아나
광휘로 승화시킨 위대한 삶이다

안중근과 죽기를 각오 피로써 의기투합
침략의 원흉 쓰러뜨리고 평생 모은 재산
독립운동에 다 바치시고 그 많은 학교에
등불을 밝혀주신 높고 거룩한 삶은

꽃으로 피어나 수놓은 광복되는 그날까지
오로지 나라 사랑뿐 천 개의 발도 모자라
온몸을 불살라 애국 애족의 길 열어주신
아 찬연히 빛나는 민족의 별이여

햇빛에 환한 얼굴이 동작동에 동트듯이
희고 붉은 불멸의 페치카 꽃이여 푸르른
하늘에 영원히 솟아 오른 눈부신 저 별은
창파를 일렁이며 오늘도 빛나고 있다

2. 행복이란 것

여유롭고 한가로운 삶을 스스로 개발하고
학습하고 그것을 전달하는 데서 생깁니다

내 몸이 편하면 감사이고 내 사유와
마음이 행복하면 그것이 휴식입니다

오늘을 믿고 힘껏 사는 것처럼 우리
내일도 믿고 열심히 살아갑시다

바르고 올곧게 산 사람은 누구든지
그것으로 충분하고 성공한 사람입니다

3. 남한산성

한 땀 한 땀 가슴 내리 쓸며
푸성귀 하나도 힘을 보탰으리

산을 깍고 하늘을 깍고
구름을 깍아 이룬 웅장함이

거대한 주먹 돌들이 느껍게
뭉쳐져 동물처럼 울부짖는다

백성의 손들이 간절히 모여서
물고기 비늘처럼 신비롭고

세파도 시류도 맹렬히 내달려와
성의 몸을 위로하고 응원한다

깔깔한 역사의 슬픔을 껴안고
그때 치욕을 잊지 않으리

거친 눈비가 그치고 바람이 자면
여기가 나라 위한 꽃자리

4. 의리

속살을 감춰주는 단추 같은 것이다

충만한 것이고 가득한 것이고

사랑스러운 것이고 아름다운 것이다

사랑이 익었으면 곧 떨어질 것이고

의리가 익으면 점점 다가오는 것이다

5. 선물

눈 감았다 뜨는 사이
아이 볼 같은 아침을
선물 받는다

봄꽃들은 서서히 지고
굽은 아침은 힘주어 빳빳한
종이처럼 펼쳐 있고

시간은 점점 더운 꽃으로
뜨겁게 불을 댕겨온다

물보다 피보다 더 진한
하루가 연이 되어 훨훨
날아오른다

6. 엄마

햇살조차 무너뜨린 흔들리는 구름 속에
엄마의 흔적들이 굽잇길로 스쳐간다

배춧잎같이 넓고 온화한 정다운 목소리를
혈서를 쓰듯이 다시 들을 수 있다면

닿으면 울어버릴 아릿한 손끝에 붉은 이름
풍경으로 다가와 기웃대는 흔적들

노릇노릇 구멍 난 저고리에 불효의 눈물은
굳은살 청잣빛에 올올이 감겨온다

7. 삶

삶의 꽃은 만남이고 여행이다

발이 팅팅 부어 아프도록 길을 걸으면서

우리가 모르는 어딘가에 곡선의 길을 떠나서

만나지 못한 좋은 사람들을 뚜벅뚜벅 찾아서

새롭게 만나고 숙제하고 공부하고 배우면

이 세상 전부를 다 얻은 듯 행복할 것이고

나에게 뿌듯함이 뚜벅뚜벅 걸어올 것이고

8. 봄

엎드려 지새우던 고된 추위를 딛고 수런수런
모두가 몸을 데워 일으킨 꽃대궁이 걸어온다

이쯤이면 꽃샘추위도 등을 보이고 돌아가겠지
다들 몸소 피워 올린 저 꽃망울 소리 뒤에는

우리가 점점 나이 들어도 초록 물결 새싹들이
숨결을 들어서 무지개 등을 타고 있는 것같이

서로에게 쿡쿡 눌렀던 묵은 감정들을 따뜻한
햇살의 숨결처럼 푸르고 따뜻하게 살아야지

9. 3월이 걸어온다

모질게 몰아세운 추위와 가난을 견디고, 세상 사람들을 위한
푸르른 새싹들이 다시 왔노라 땅을 뚫고 주먹을
불끈 쥔 아가의 여린 주먹이 힘주어 뾰족이 돋아난다

여기저기 꽃망울 터지는 대포 소리와 맑은 물소리가 비단을
깔아놓고 싱싱한 풀빛 가슴들이 봄 소리에 휘어지는
풀잎들을 보듬고 따뜻하고 푸른 삶을 기대어 본다

향수로 단장하고 다가오는 봄날에 무엇이 두렵겠는가
댑바람에 아프고 힘들었던 고단한 상처들을 다가오는
봄의 혀로 깨끗이 닦아서 속살 같은 3월을 맞이한다

10. 나를 성찰하다

그림자처럼 머리 위를 따라다니는 세월을 예쁘게 포장해서 펼쳐 보았던들,
내 이력서는 오직 출생뿐이다
나는 그저 안개에 힘 잃어 흔들리는 가로등이다
세월은 익숙하고 정답게 달고 다녔던 고향길도 나를 추방시켰다
세상은 냉정한 현실이다
칙칙하고 스산한 음지에서 두려움은 나를 지배하여 어둠에 끼어 포도시 여기까지 살아온 것은, 모두가 기적 같은 삶이다
낮과 밤이 뒤바뀔지라도 바르고 정직하게 살고자 두꺼운 인성이 필요하다
나보다 아래인 사람들을 항상 잊지 말자
자상하고 푸르름을 잊으면 안된다
나무가 바람에 아무 때나 손을 흔드는 것을 헤프다 하지 말자
자상한 푸른 나뭇잎이 되어야 한다
푸르지 않으면 봄은 나를 부르지 않는다
젊은 잎도 단풍이 들면, 어깨도 내어주고 서로 뒤죽박죽 엉켜서 너와 나는 결국 떨어지는 나뭇잎 같이 모두가 하나이고, 가볍게 뭉개고 뒹구는 자연의 일부분임을 스스로 깨달아야 한다

11. 바람의 노래

어느 쪽으로 떠나도 까마득한 나의 길
알싸한 단 한 번 흩날리는 생명이다

시리고 달콤한 추억들 뒤로하고 떠나는
한기에 어디로 갈지 길을 묻지 않는다

몸뚱어리 스친 지난 흔적들을 되뇌며
파랗게 일어선 세월 모두가 떠돌이다

혀를 내민 달달한 바람의 행간 당당한
갈무리는 뒤돌아보지도 않는다

12. 숲속에서 읊조리다

목이 타도록 뙤약볕과 사투하던 나무들이 말을 한다
숲속의 삶이 비좁아서 다투듯이 직립으로 서 있다가 바람결 속으로 가만히 나를 초록에 묻는다
숲속의 군자 소나무 옆에서 선바람을 음미한다
분분한 안개가 숲속 오솔길을 비추고 고요함을 이어간다
숲속 정기가 푸르도록 눈부시다
저 숲을 아우르는 고요 속에도 눈에 보이지 않는 높은 생명력이 무수히 있다
삶을 치열하게 경쟁하는 겁쟁이가 되어서 나는 그 숲속에서 살아가는 한 그루 나무가 되어 보지만, 나무만도 못한 나를 탓하듯 비는 더 힘차게 박수를 치고 있다

13. 봄비

알알이 엎드려 지새우던 홀씨 된 밤을 딛고
뜨겁게 풀어올린 꽃대궁 일구려 걸어온다

초록 물결 앞세운 정적들이 대지 위로 새 생명
깨우는 요란한 장단 맞춘 젓가락 흥겨움이

굽은 가로등 뒤로 키가 작아진 잿빛 하늘 아래
쿡쿡 눌러 담은 춤추는 생명들이 깨어나고

꺾이고 밟혀도 쩡 터지는 신비함은 아무도 모를
사랑의 일곱 빛의 숨결들이 돋아난다

14. 밤꽃

달콤한 바람결에 매혹의 향기
주관없이 따르지 않고

스스로 밀려 나와 진하게 내 뿜는
향기는 진정한 나의 향기가 아니다

성난 내 몸체는 거칠게 돌출하여

참기 힘든 욕정을 신음으로
울부짖음이다

보잘것없는 꽃이라 따뜻한
시선 하나 없지만

세상 속에 지나가는 사내들의
몸을 던진 진정한 불태움이다

제1회 광진문학상 대상작

15. 고향은행

마른 땅에 끌던 꿈 척박한 허리에 동여매고
양조장 탁배기 올리며 지냈던 고픈 추억들

해마다 피고 지는 꽃들의 부음들은 햇살조차
등 시려 새들도 울고 갔다

처마 밑 몸뚱이 한밑천 명태 머리 대롱대롱
알싸한 생을 트며 살았던 내 주막집

바닥에 누워서 밥을 기다리지도 않았고 파랗게
일어서는 봄의 깃털로 희망을 만들었고

시간이 가든 말든 밤이 오든 말든 시골뜨기
지켜주는 것은 나의 주거래 고향 은행이다

16. 떠나는 잎

잎아, 너무 아파하지 말라 떨어지는 것들이 어찌 꽃과 나뭇잎뿐이겠는가
우리도 어차피 떨어지는 낙엽이다
억울할지 모르겠지만 세상 정의가 다 이기는 것도 아니고 순리대로 돌아가는 것도 아니다
어쩌면 그 힘겨움을 감당하여 살아야 할 밀레니엄 시대이고, 그 그릇으로 담아서 이 화려한 문명 속에서 살아야 하기에 어쩔 수 없고, 이 또한 지나가는 삶의 과정인지라 아프지만 우리 보듬고 살아야 할 바람 앞에 힘없는 낙엽인 것을 어쩌겠는가

17. 좋은 예감

'지금'이란 단어가 제일 소중한 것 같다. 지난날도
소중하게 보듬고 구름이 오고 가면 밀물이 오고
썰물도 오듯이, 법칙을 어기지 않고
서로가 좋은 관계로 통해야만 편안한 것이고, 저
깊은 시름의 삶 속에서 안으로 다독이며 마음의
꽃으로 세월을 밟고 간 자리에 고개 드는 강인함
으로 삶을 풀어가는 지혜가 베어 나온다
그 깊이만큼 창창히 베어 나와 가볍게 구름 따라
서로에게 마음이 통한다는 것을 진심이라 하고,
그것을 담보로 곱게 간직한 개연성의 것들을 좋
은 예감이라고 한다

18. 막노동자

하루 품삯을 받고 보니 오늘도 손해 본 거래이다

거간居間이 있었다면 이리도 억울하지 않을 것을

예고 없는 먹구름이 다가온다 전쟁처럼 비가 온다

등뼈가 틀어지는 고된 삶의 무게가 천근만근이다

힘없는 내 어깨 위에 새들이 빠르게 날아다닌다

저축하지 않아도 새는 굶어 죽지 않아서 가볍다

가볍게 살아야 훨훨 날 수 있고 행복할 수 있다

내 육체가 말을 듣지 않고 바닥이 버거운 아침이다

뚜벅뚜벅 새벽 기로등에게 나는 또 허엿게 들켜버린다

19. 나는 천사를 보았네

저기 쿡쿡 눌러 담은 적당한 햇살 뒤에 더위를
배웅하는 가녀린 너의 모습이 창을 타고 흐른다

예쁘고 착한 모습이 빛으로 처음 만난 그날처럼
이슬지고 벙그는 꽃처럼 내 앞에서 한창이다

이글거리는 등에 검은 아픔을 다 이겨냈으니
이제는 아프지마라 네가 아프면 나도 아프다

선명해져 눈부신 모습을 건너가 희디흰 천사
모습에 이대로 죽어도 좋을 만큼 네가 좋다

20. 그대의 등

뜨겁게 마주 보며 포옹하며

정열적 피를 끓는 것보다는

때론 넓은 등이 더 믿음직스럽고

온기가 스멀스멀 뜨겁게 펴지고

그대와 나의 등이 서로 마주하면

나는 크게 똬리의 버팀목이 되어

튼튼하여 다시는 쓰러지지 않는

높은 탑이 되어서 행복해지는 것

21. 단풍 연습

수수밥같이 침침한 지난 삶은 빠르게
달리는 전동차 바퀴에서 빠르게 회전시킨
행동들이 금세 들켜버린다

찰나에 스쳐 간 푸른 잎들이 다시 오지 않을
젊음이 달리는 전철처럼 쏜살같이 스쳐서
물 묻은 창문으로 스쳐 간다

가엾은 내 푸른 청춘아 이제 내 몸 하나도
감당하기 벅차다 마치 빈집에 갇힌 것처럼
움직임도 늘여진다

하룻밤 새 없어진 분가루 젊음은 구속된 방으로
모여서 모두가 회색빛이고 찰나에 스쳐 간
버거운 무거움이다

22. 나는 꽃이 되고 싶다

저리 많은 그들 속에는

밥이 되는 사람이 있고

병이 되는 사람도 있고

약이 되는 사람도 있다

나는 그것을 다 보듬어서

향기 나는 꽃이 되고 싶다

23. 라일락 꽃

청잣빛 하늘 아래 목련이 지나간 자리
뜨겁게 고백하여 만들어진 꽃댕기가
소리 없이 여기저기 모여든다

사랑은 농익어 몽롱해진 담벼락 어귀에서
뜨겁게 포옹한 간격에서 라일락꽃 향기가
스멀스멀 시작되었다

얼마나 애절함일까 꽃잎마저 미소로
일렁이는 그녀의 긴 머리를 휘날리며
달아오른 봄은 빠알갛게 익어가고

별같이 달같이 이렇게 사랑해야 한다고
깊고 뜨겁게 가마처럼 달아올라서
태양 같은 열정들이 가득하다

24. 그냥

오늘 아침 한 가닥 바람을 감고 그대를 기다리는지도 모르겠다
사람이 사람을 좋아하는 데 무슨 필요조건이 있을까
그냥 좋으면 좋은 것이지, 어느 날 그대가 오면서 꽃은 피었고,
사랑 꽃이 시작되었다
오지랖스런 햇빛이 사방에 분풀이하듯이 그들의 마음속으로
많은 빌딩 속으로 다가온다
유리창 속으로 보고픈 임의 홍안이 그리움 속으로 파고든다
밝아져야 할 도시의 빌딩들은 더욱더 화사하다
사랑은 이런 것일까
이렇게 좋은 날을 사랑하며 씨밀레가 되어서 걸어보자
커피향기가 그리운 향기로 수놓는다
사랑의 향기가 우정의 향기가 그대를 한 스푼 담아서
그냥 커피 향이 되도록 끓여보고 싶다

25. 새벽 숲

이슬이 떨며 숲을 서서히 벗기고 있다
숲속의 소나무가 죽지처럼 풀고 있고
햇빛은 나무 그림자를 보듬고 있다

언덕을 넘어서 돋는 아침 볕은 따뜻하고
어둠을 밀어내는 꼬깃한 빛을 앞세우며
차가움은 슬슬 녹아서 교대에 들어간다

바람은 숲 문을 열고 앞서가는 산길에
나무들은 일렬횡대 겹눈으로 줄을 서고
새벽바람은 슬슬 놀다 갈 작정이다

26. 벚꽃, 임이 되다

꽃등을 이어 달고 희디흰 분가루 범벅된
속살 속으로 달려온다

사랑은 뜨겁게 타올라 꺼이꺼이 눈물 꽃으로
점점 걸어오고

저리도 아리도록 붉은 정열이고 싶은 지금
봄은 점점 익어가고

언덕에 불을 지르는 위험에도 이대로 죽어도 좋을
마지막 불꽃이고 싶다

27. 둥글둥글

내가 없는 세상은 다 필요 없습니다
자존감을 세우고 자신을 사랑해야 합니다

오로지 존귀한 것은 나 자신이고
오직 소중한 것은 나 자신뿐입니다

아프면 나 자신이 제일 서럽고 태어나서
강렬하고 훈훈하고 열정적으로 살면 됩니다

나 스스로 자신을 더더욱 사랑하고
남들은 그냥 너그럽게 데면데면 합시다

지구는 빙빙 돌아가고 마음이 둥글지 않으면
독이 되고 가시가 됩니다

내 마음이 둥글어지면 세상 이치도
타인들의 모습도 다 둥글게 보입니다

28. 여보게 친구

우리 삶이 얼마나 보잘것없고
나약한 존재들인지 아시는가?

아무리 빠른 예감을 하더라도 이미
속수무책 자연의 힘에 맥없이 무너지고

우리 날마다 마시는 물에도 맥없이
저 많은 사람들이 죽어가지 않는가?

인간이 위대하다 착각하지만 어리석게
다 늦은 후에 항상 후회하거든

29. 배려

자주 연락하고 사는 곳을
알게 되면 벽이 없어지고
이웃이 되고 친구가 된다

나를 낮추어 타인을 높이는 봉사의
마음은 맑은 꽃향기가 퍼져서
어여쁜 마음으로 승화되고

이웃을 배려하는 마음은 씨앗이 되고
꽃향기 날아온 천사 같은
순한 마음이 된다

30. 넓다는 것

구분하지 않고 너와 나를 다 받아주어
바다란 이름이 생긴 것이고

저리 많은 사람들이 모이는 것은
그 사람 고운 미소가 넓다는 것이고

저 많은 별이 밤마다 모이는 것은
하늘이 마냥 크고 넓다는 것이고

꽃에 많은 벌과 나비가 모이는 것은
그만큼 향기가 넓다는 것이고

31. 그리움

임이 옆에 있을 때 그리움은 핑크빛
작은 하트 같아서 가릴 수 있지만

그대가 없는 그리움은 바다 같아서
저리 큰 넓이를 감당하기 힘듭니다

가슴속에 맑은 영혼을 간직한 사랑은
지는 것이고 버리는 것입니다

창문을 타고 꽃물처럼 눈물이 흐르는
일상은 버릇이 되었습니다

32. 은빛 기찻길

그대가 떠나버린 외로운 철길 위로
그리움이 꼬불꼬불 어지럽다

오랫동안 삭힌 그곳에 지폐처럼
내 마음이 꼬깃꼬깃 뭉쳐 있고

기찻길은 곡선으로 꿈틀거려
움츠린 마음을 흩날린다

열정이 푸르게 익었을 때 기찻길은
더더욱 밝게 보이는 법

기차는 사랑을 운반하고 이별을
운반하고 추억을 운반한다

33. 개나리 꽃

귓등이 시리도록 찬바람을 맞으며
지나간 파편들을 돌아본다

개울을 깨우는 길고 긴 높바람은
이별인 듯 축 늘어져 등이 보이고

가는 허리 등 굽힌 채 굶주린 구름길
유혹하는 노란색 바람들이

노란 치마 구름이 인파 속에 몰려오고
지난 추억들은 미소로 걸어 온다

34. 제비꽃

작아서 미동도 없는 결연한 품새
간절한 목숨 하나 여기 있다

꽃답게 피고 싶어 카키색 물감으로
보랏빛 옷깃을 힘껏 댕기고

간절하여 설핏으로 피고 지는
제비꽃은 약속이자 희망이다

추호도 불평 없는 행복한 삶 자리
소담스럽게 진한색 색칠하여

산마루 길목에 행복한 옷매무새로
하르르 횡단하고 있다

35. 아이는 시를 준다

삶은 가시처럼 아프고 삭막하다

아이는 새싹 같은 것이고 천사이다

언제나 풍경으로 나에게 시를 준다

아이의 몸에서 신비스런 강물이 흐른다

지금 삶에서 나 자신을 못 만난다면

천국에 가서도 천사도 못 만날 것이다

솜털같이 하얀 이를 쿡쿡 눌러 닮고

그 사이에서 아이에서 시를 받는다

36. 고목

마음이 지레 좋아지는 고향 굴곡 길 저 너머에

추억을 버무려 세월의 옹이를 구름처럼 맺혀서

누구나 미주알고주알 세월을 캐내고 삶아먹는 곳

고향을 떠나는 마지막 날 달빛 창가에서 하얀

둥근달은 나를 배웅하려 밤을 길게 늘어뜨렸다

들판에서 들려오는 많은 개구리 울음소리들이

주렁주렁 고목 가지에 많은 이야기를 맺고 지금도

달달한 열매들이 주렁주렁 많이 열었을까

37. 봉사

자신을 낮추고
타인을 높여서

솜털같이 순하고
어여쁜 마음으로

행하는 것은 결국
자신이 행복해지려고

실천하는 행함은
용기 있는 천사의 마음

38. 안부

잘 있다는 너의 목소리가

고마움이고 기쁨이다

잃어버린 감정들이 일어서는

메아리로 불러본다

구름 속에 물결처럼 다가온다

너와 나는

안부를 묻는 던져진 자들이다

39. 무명가수

어느 모퉁이서 애절하게 한 곡 부를 노래를 정돈한다

어디를 가도 까마득한 바람길 진주가 되길 간절하다

다시 날아간 애절한 열창은 허공에 날아간 눈물이다

길을 잃어 비상구 없는, 내 고백들을 들어주면 좋으련만

소리 높인 목덜미 심줄은 검게 칠한 침묵의 립스틱이다

버림받은 열창은 뭉쳐져서 흉기처럼 날카롭다

허공 속에 날아간 노래가 구름으로 훨훨 사위어진다

40. 천둥비

뿜어내는 울분을 참지 못하고 금세
비명을 지르며 거칠게 뛰어오른다

멈춰버린 붉은 응어리 풀지 못하고
설움의 용광로 일순간 뛰쳐나온다

앞뒤 가리지 않고 곰삭은 한을 분출하고
충혈되어 부서져라 무섭게 토해낸다

다시 언제 그랬는지 고요 속 후련함이다
내 한스러운 삶의 비는 언제쯤 멈춰줄까

41. 창작

선물 받은 오늘 하루도 질문이자 창조이다

굶주린 듯 밀려오는 배고픈 숙제들이 몰려온다

맑은 대답을 할 수가 없어 압박은 늘 고통이고

삶의 이치와 방향을 쉽고 시원히 풀지 못하고

바람 앞에 열정의 촛불은 아슬아슬 안쓰럽다

언젠가는 쩡하고 눈부신 명작의 시를 남기리라

42. 신호등 앞에서

희망들이 속삭인다 건너야 한다
길 건너에 무엇인가 중얼거린다

정적 깬 인파들이 빠르게 모여들고
일순간 변화에 일사천리 술렁인다

같은 표정 발걸음이 어디론가 흩어진다
무덤덤 표정들이 일순간 사라진다

다시 건널목은 침묵으로 평온이다
신호등의 삶이 다시 담요처럼 고요하다

43. 그러려니

내가 없는 세상은 다
필요 없습니다

나 자신이 나를 귀하게
사랑해야 합니다

아프면 서럽듯이 소중한 것은
오직 나입니다

마음이 둥글지 않으며
결국 독이 됩니다

마음이 어우렁더우렁 하면
세상은 다 둥글게 보입니다

44. 스마트폰

거기서 멈춰야 했다 삐삐가 그립다

권력자가 됐고 다시 돌아갈 수가 없다

보자기로 눈을 가리고 세상을 지배하고

당당하고 거만스럽게 톡톡 굴러다닌다

우리 속을 너무 많은 것을 알아버렸다

사각 액정에 중독되고 좀비가 되어버린

번호를 암기 못하는 뇌의 불구자가 되어

굴곡 깊게 꺾인 죽지가 사각 액정에 퍼덕인다

45. 삶을 음악과 함께

주어가 중심이 돼서 고독하게 하고

행복들이 반복된 일상의 것이라면

풀어서 행복하게 하는 것이 음악이고

굽이굽이 아픈 여정 밀고 당겨주면

조화로운 하모니가 어우러지는 추임새이다

끝없는 사랑을 만들어 향락을 잉태하고

사랑에 지는 것이 인생이고

음악에 훨훨 버리는 것이 삶이다

46. 할아버지 시향제

잘 익은 초가을 햇살이 가는 길을 멈추고 구름은
한 송이 두 송이 자봉산에 마실 나온다

어린 소나무 가지에 죽지를 내린 새들도 반가운 듯
주렁주렁 열린 그늘을 잔디로 흘려보내고

봄날처럼 따뜻하신 할아버지 목소리 걸어오신다
남에게 잘하거라 그것이 너희를 위함이니라

어제와 오늘 내일을 이어서 갈 시 젯날에 해님도
갈바람 등 위에 벙글벙글 나비처럼 흘러내린다

47. 통증

비가 폭탄처럼 터지고 습한 기운이 다가와
해님이 올 때까지 뭉개고 가질 않는다

가지 말라 꺼이꺼이 애원도 해 봤지만
그대가 떠날 때도 이렇게 통증이 내렸다

그 아팠던 사랑이 삐걱대고 어긋난 인연의
조각들이 아픔으로 무릎 속에 한이 되었을까

지금 내리는 핑크빛 비가 그대의 모습인듯
수줍게 내리는 저 빗속에서 나를 보고 있을까

48. 수박

척박한 뙤약볕 아기 바위 많은 추억을 간직하고

의뭉한 바람의 장난기는 진한 줄무늬를 만든다

뜨거운 붉은 정열 가슴으로 빨아들이고

여인의 속옷처럼 숨기고 모두가 내공을 쌓는다

붉은 저 비밀스런 속이 다 같은 것은 아니다

저 속을 공명정대하게 구분할 줄 알아야 된다

때론 정돈을 위장한 진국이 아닌 간자들도 있다

49. 초승달

개구리 울음소리 불러온 저녁 밥상 위에
겨끔내기 깨소금 볶는 토끼 부부 보인다

진한 어둠을 흔들어 쟁반 같은 둥근달은
여인의 마음을 훔쳐 가다 나무에 걸렸을까

자식 사랑 점점 커져 곪아버린 엄마 마음
먹물처럼 번져 안쓰러워 저리도 야위었나

적막한 어둠이 흘러가서 노란 나뭇잎에
근심을 베어 물고 속살에 묻혀버린 초승달

50. 꽃이 시집가는 날

향기 진한 솜털을 털어서
연지곤지 예쁘게 화장하고

양복 입은 벌의 주례사 한 말씀
삶은 내 침처럼 아픈 것이라

영동하게 나타난 하객 나비는
연신 날개를 살풋거리고

쥐어짠 꽃꿀로 답례품을 전하며
인사하는 꽃이 시집가는 날

51. 오월의 시

벙그는 꽃망울들이 멈칫하는 사이 붉게 물들어

온 세상을 휘감고 남쪽 웃음들이 하늘로 열린다

저 벌판에 사그락사그락 부는 바람은 논두렁 밭두렁

새싹들은 마실 나가자는 소리가 봄 길을 수놓고

하늘은 쩍 열리고 어디에도 닿지 못할 그립게 얼비치고

은박지처럼 얇은 삶도 푸른 빛깔로 허공을 질러댄다

모두가 행복한 핑크빛 웃음이 치맛자락 빙빙 걷어 올리고

어디에도 견주지 못할 명지바람 행복들이 희망의 꽃이다

52. 공空

삶은 지나고 나면 아무것도 없는 빈 껍데기입니다

아무리 되새김질해 본들 모든 것은 다 지나갑니다

제일 어려운 것은 바로 나 자신을 모른다입니다

눈앞에 일어나는 모든 일들은 자기로부터 시작입니다

상대를 아프게 하면 훗날 더 큰 아픔이 다가옵니다

사람은 사랑한 만큼 삶이 연장되고 큰 원이 됩니다

지구가 둥근 것은 곧 마음을 동그랗게 살라는 뜻입니다

53. 꽃이 말하다

왕관을 쓰고서 나 이토록 아름다운 모습과

어여쁜 향기로 벌과 나비를 유혹하고 살지만

열흘을 못 넘기는 삶인지라 세상일 다 잊고

하얀 이 다 드러내고 헤프게 웃다가 가는 삶이요

그대들의 삶도 내 삶과 별반 다를 게 없는 것이니

부디 향기 나는 사람으로 살아서

영원히 빛나는 이름을 남기시라

54. 말을 아껴야

남을 흉보고 남의 말을 많이 하면 훗날
혼자만 남아서 고독이 휘젓을 것이고

내가 나를 잘 안다는 것은 험난한 일이고
남보다 내 흉이 훨씬 더 많을 수도 있기에

침을 바싹 말리고 새 치 혀를 쫄쫄 굶겨서
아끼고 또 아끼면 마지막 향기가 퍼질 것이고

스스로 참고 또 참으면 내 몸에서 호수보다
넓은 바다가 금빛으로 반짝일 것이고

가슴을 넘어오는 혀 속에 독기를 빼내면
갈등이 아닌 달달한 열매가 열릴 것이고

55. 물꽃

그늘을 덮고 있는 숲속 연못에도
화약 같은 뜨거운 햇빛을 달군다

물렁함은 점점 존존해져서 쩍쩍
갈라지고 흙먼지만 흩날린다

흔들리던 선바람도 지쳤는지
나뭇잎은 배배 꼬아가고 있고

누군가 빗방울 몇 알 던지더니
숲속은 금세 물꽃이 피어난다

56. 단감

모든 경계에는 독초 같은 아픔이 있다
달달한 웃음꽃을 위하여 고욤나무 목이
잘려 나간 칼끝에서 단맛은 시작된다

아픈 통증은 왕관을 쓰려고 그랬을까
장독대 옆 빛깔 좋은 항아리 고운 피부의
감꽃들이 축제를 열어 망국기가 펄럭이고

저리도 단아하게 곱게 빛나는 공주의 피부는
달달하게 살라고 싱싱하고 고운 피부로
매끈한 단감 희망들이 주렁주렁 웃고 있다

57. 동반자

그대가 외롭고 힘들어서 가는 길을 잃었을 때
나는 당신의 곁에 그림자가 되리라

훤한 길을 다시 찾고 일상의 삶으로 돌아갈 때
나는 보이지 않는 그림자가 되리라

아무도 모르는 저 홀로 가는 삶의 길이
먹구름에 가득히 낀 유리창이 될지라도

끝까지 내 흔적이 들키지 않게 길을 걸어주는
그대의 낮과 밤의 동반자가 되리라

58. 사랑이 지나가면

그토록 사랑한다는 하트 끝은 날카롭다

날이서고 화사했던 불씨는 조각난 파편들이고

언 땅을 뛰쳐나왔던 새싹들도 시들해진다

피곤한 해가 게을러져 회색빛 산을 향한다

이별의 끝자리는 아름답지도, 포근하지도 않다

서로 사금파리 상처는, 더 아프고 눈물짓게 한다

움푹 파인 도롯가처럼 덧나서 상처를 주고

다시 그 길을 메꾸고 나면 스멀스멀 먹이가 되고

단단한 몸통 사랑은 노란 추억의 단풍이 된다

59. 꽃병과 약병 사이

꽃병과 약병 사이 속에서
삶은 병 속에 숨어 있다

저리고 아픈 삶의 종소리를
몸을 던져서 숨을 죽이고

내 생각과 관념 다리에서
덕의 꽃병이 될 수도 있고

독한 약병을 주거니 받거니
반복된 삶을 살 수도 있다

60. 새벽이 되면

웅크린 덩어리처럼 먼 산들을 깨운다
숨소리가 벅차도록 나를 따라오는 풍광들이
희미한 산맥의 너머로 스멀스멀 사라진다

흔들거리는 바람도 아무 일도 없는 것처럼
허허로웠던 어제 일을 뒤로하고 새벽을 찾는
빛들은 흩어져 다시 아침을 반짝거린다

안으로 다독이며 말없이 쓸어가는 발걸음들이
똑같은 리듬으로 단조롭게 알아서 가고 있다
촉촉한 의식 속으로 하루가 다시 시작되고 있다

61. 품는 삶

그 누군가 한 사람을 마음에 두고 품는 것은

그 사람의 아픈 삶의 무게를 나눠 갖는 것이고

어둡고 무서워 종이처럼 누워 있는 그를 손 잡고

어깨도 내주고 등을 받쳐 주면서 보듬는 삶은

한결같은 마음으로 그를 넓고 크게 보듬는 것이고

우리 같이 걸어보자 손 내밀어서 친구가 되자는 것

62. 습관

구름이 흩어졌다 다시 합쳐지고
다시 흩어지고
내어주며 통과해 가는 일상이고

아무 일 없다는 것은 습관처럼
당연하다는 것이고 이리저리
서로 흩어져 끌고 다니는 것이고

내 일상이 틀에 박히고 아교처럼
집착하면 우리의 삶을 부드러운
일상을 머리에 이고 사는 것이고

63. 생각의 돌

생각이 모두 다 같으면
생각하지 않았을 것이고

생각한 자신의 마음에
돌을 함부로 던지면

그 돌은 화살이 되어
곧 돌아올 것이고

아무리 옳다고 힘주어
생각에 소리 높여 본들

그 손안에는 깊고 선명한
손금뿐인 것을

64. 하관下棺

나를 잃고 포위되어 들어간다

짤그락거리는 마지막 겨울이다

벼랑에 이른 육신 하나 스스로

간수 못하고 꽁꽁 포박된 채

타자他者 손에 지난 생을 묻는다

짧고도 긴 불꽃 같은 찰나의 삶

여기 한 사람 노란 잎으로 떨어진다

65. 아침 단상

어제 태양도 지친 빛을 아끼려
그늘이 있는 서산에서 쉬었다가
이슬이 쩍쩍 깨어줍니다

아침은 하늘을 깎고 어둠을 깎고
산을 깎아서
태양은 저녁을 비비고 시들어갑니다

구름은 작은 비명을 지르며 살아지고
작은 꽃씨들처럼 향기로 시작합니다

친구와 이웃을 위해서 약이 될 침을
한 번 맞는 마음으로 오늘은 봉사하는
하루가 되길 희망합니다

66. 발

운명이다 무겁게 짊어진 채 뭉쳐진 고단함
앞서거니 뒤서거니 같은 마음으로 동행한다

내려진 혈자리 직립으로 전진의 본능을 유지하고
갈 자리 안 갈 자리를 진득하게 구분하여

켜켜이 쌓인 고단한 삶의 길 흔들림 없는 흑기사로
삶을 무겁게 지탱하여 큰마음을 운반한다

억겁의 고단한 인생의 길을 응원하는 동반자로
붉은 세월 그날까지 나를 털어낼 수 있을지

67. 옹이

내 몸 잘려 나가 엄마 몸을 끌어안고
생명의 물소리 힘껏 기다린다

어렵게 살아가는 소년 소녀 가장의
어깨에도 무겁고 아픔이 여기 있다

얼마나 어려움들이 돌고 돌아서 여기저기
부딪쳐 아프게 왔을까

살아야 된다 살아있지 않으면 묻지 않을
봄을 끝까지 기다릴 수가 없다

68. 죽음을 배워야 한다

그 누구도 세월을 이길 수는 없습니다
세월만큼 고집이 세고 공명정대한 것도 없으며, 산 자와 죽는 자와 타협이란 것도 있을 수 없습니다
죽음을 두려움이나 절만이 아니고, 자연의 원리 즉 봄 여름 가을 겨울 자연의 섭리처럼 죽음도 똑같은 것이고, 저 넓은 광야의 코뿔소처럼 인생은 나 혼자 사는 것입니다
그 인생이 무엇인지 모르기에 뚜벅뚜벅 걸으며 끝없는 질문하는 것이 바로 인생이고 삶입니다
태어났기에 죽을 수밖에 없는 것입니다
우리가 처음 왔던 그 길에서 하늘에서 내려준 비에 땅을 비벼 먹고 살았기에 땅으로 다시 복귀하는 것입니다
이것은 움직일 수 없는 당연한 자연의 섭리입니다
결국 조상님과 부모님 곁으로 간다는 의미입니다
하여, 부모님께 조상님께 부끄럽지 않게 살아야 합니다
마지막 붉은 세월이 접히고 단풍이 들고 단풍이 떨어지는 것은, 곧 자연의 이치이고 과학입니다
마지막 나를 털고 가는 그 몸이, 낙엽처럼 가벼워야 한다는 의미입니다

69. 조상님 묘 앞에서

조상님 묘 앞에서 풀을 뽑았습니다
잔디가 금세 생기가 돋아납니다

할아버지 목소리 들립니다
나는 후손들을 보고 싶은 게 제일 힘들단다

나를 보고 싶어도 참고 열심히 살아라
자신을 생각하듯 남을 생각해야 한다

삶은 부싯돌에 튄 불꽃같이 찰나니라
편하고 부드럽게 남을 대해야 된다

마음에 각을 세우면 적군들이 많이 생기고
버리고 또 기다리고 겸손해야 된다

70. 출근길에, 중얼거리다

조금은 갑갑하게 숨을 조이고 벽시계
추 목줄에 똑딱소리 반복되어
멈춰진 시간이다

바람 가른 발걸음이 내 의지와 상관없이
쭈우욱 늘어진 어깨는 또 다른 곳으로
던져져 흐려진다

저 넓은 모래밭에서 희망의 바늘귀 하나
찾아서 붐비는 풍문에 펄럭대는 내 삶을
시계추가 잡아본다

짙은 삶의 무게에 질질 끌려다니며
날개 없는 먹구름을 호객하는 나는
포위되어 힘없는 작은 종이 배이다

71. 진눈깨비

구겨져 마른 수건이 물기를 만나듯
흘레바람 습하게 몰려온다

바람은 실핏줄 흩날리며 마음껏
춤을 추다가

저벅거리며 주머니 속까지 파고든다
오는 인연, 가는 인연들이 뒤섞인다

비명을 지르는 듯 떨굴 것 다 떨구고
질퍽한 생은 흔적 없이 날아가고

우리 삶도 가볍게 흩날리고 비우면
잘 산 것이고 아름다운 삶이고

72. 노릇하기

진심으로 마음을 다해서 다가서는 데
그들의 핑크빛 마음은 잘 안 보이는 기라

나를 원망하고 미워하는 그들을 마음속에
두고 살면 나만 계속 아픈 기라

타인들을 미워하고 마음속에 각을 세우면
적군들이 독버섯처럼 많이 생기는 기라

인간인 지라 나도 잘 못 한 게 많을 것이니
마음을 비우고 가볍게 살아야 하는 기라

필요할 때만 써먹고 버리고 무관심해 버리면
나중에 더 큰 배신을 당하는 기라

의리 없이 등을 돌리면 그들은 마음을 잠그고
숫돌에 날을 세워 날 선 칼날이 되는 기라

73. 한탄강

푸른 제복이 그리울 때 나는 한탄강을 가곤 한다

철원평야 하얗고 넓은 쌀은 어머니 마음을 닮았다

물의 발걸음 소리가 굴곡 따라 깊고 넓게 퍼덕인다

강 건너 저편에 누군가 곡선의 모습이 꿈틀거린다

곱게 빚어진 강물은 꼬블꼬블 늘매기처럼 어지럽다

시퍼런 물줄기 아픔을 이제는 아래로 안겨 본다

깊은 물 속 안에 갇힌 추억은 깊게 바라본다

계곡에 모여든 물살의 당당함이 그대 사랑만큼 깊다

74. 고향 주막집

어젯밤도 가난에 울던 가을비는
희뿌옇게 북두칠성 별자리를
뜨지 못하게 불콰해진 잔이 막아선다

하늘로 못 오른 보름달은 찌그러진
주전자 입으로 추억의 동그란
거품들을 거침없이 토해내고

탁배기 한 사발 전기처럼 내 몸을 지지면
한 잎 두 잎 켜켜이 쌓인 지난 세월들
한 아름 실은 가슴이 확 트인다

75. 순리

나무들은 수백 년이 되어도 때가 되면 젊은 꽃으로 피고 열매를 맺습니다
그 일을 안 하거나 멈춘다면, 그 나무는 죽었거나 곧 죽는다는 의미입니다
사람도 마찬가지입니다
사람이 꽃이 피고 열매를 맺는 것은 바로 타인을 사랑하는 것이고, 이웃을 사랑으로 바라보는 것입니다
인간이 죽을 때까지 고민하는 것은 바로 사랑입니다
위대한 그 사랑을 멈춘다면 곧 죽은 목숨을 의미합니다
나이가 많든 적든 살아 있으면 반드시 사랑하면서 살아야 합니다
그것이 자연과 같이 숨 쉬고 소통하는 것이고, 자신이 지금 살고 있다는 증표이고 의미입니다
새벽이슬을 보듬고 저 새소리같이 청아한 사랑을 타인에게 듬뿍듬뿍 내뿜어 살아가는 것이 순리입니다

76. 친구에게

우리는 지금 늘 행복하다고 생각해야 한다
삶은 곧 현실이고 학습이고 공부이다

외로울 때 노래가 있고 좋은 글을 읽고
마음이 정화된다면 우리는 얼마나
행복한 친구 사이이겠는가

마음이 우울해져 후질거리고 더러워지면
깨끗이 빨아서 살면 되고 좋은 글과 좋은
책으로 친구가 되어서

천국에 가면 제일 먼저 책을 준다는 데
서로 바꿔서 읽고 품격 있는 대화를 나누면
밤을 지켜낸 우정이고 꽃 위의 금이 아니겠는가

77. 꽃으로, 아버지

이토록 찢어지게 아리도록
세상 한기가 천 개의 까치발로
쉼 없이 바람으로 사셨을까

뒤를 보시며 올올이 떠나시는
눈물 모습에 따뜻하신 손끝도
이제 작별하는 순간이다

무엇을 채우고 채워도 허기를
둘 곳이 없고 끝도 없는 자식 사랑
저 된비알 고개를 왜 가시려는지

정들었던 어귀 귓가에 다정하게
기웃거리는 목소리가 세상 추위를
당신 가슴으로 모두 안고 떠나신다

78. 성공한 사람은

달달한 언변에도 매사에 부정적이고, 남을 탓하는 사람을 만나면 그다지 얻는 것이 없습니다
그런 사람이 설령 가족이나 친구라 할지라도 경계해야 하고, 만남을 멀리해야 합니다
언제나 진취적이고 유쾌하고 긍정적인 사람들은 누구에게나 복이 되고 밥이 되지만, 매사에 자신이 없고 부정적인 사람과 가까이하다 보면 왠지 모르게 허한 기분이 들고 힘이 빠집니다
삶을 늘 긍정적으로 할 수 있다는 구수한 희망과 자부심 가진 사람을 만나면 깊은 에너지를 받는 듯, 오묘하고 충만한 기분이 듭니다
희망으로 번져가는 혈의 꽃으로 피어서, 아름답고 환하게 피는 마인드 소유자들은 진정으로 성공한 사람입니다

79. 비야

엉성한 내 마음도 자꾸만 젖는다
간절한 천사의 기도로 두드린 사랑비가
촉촉한 장단이다

비 그친 저 숲속은 차분하게 어우르는
새벽안개 분분함을 보듬고 오솔길엔
고요함이 가득하고

말갛게 씻긴 세상을 향해 비의 웃음소리
낭낭하고 천의 소리 푸르고 눈부시고
해맑게 적셔준다

수정같이 맑은 비가 들꽃의 받친 허리처럼
버거워 애절한 그들에게 촉촉하게
귀한 마중물 비가 되었으면

80. 잡초

새순 띄운 고단한 내 삶은
칠흑같이 어두운 밤이 되더니
세찬 비는 삶의 질곡을 퍼붓는다

으깨지고 부서지는 아픔에도
당당하고 꼿꼿하고 아금박스럽게
굽실거리지도, 나약하지도 않게

꿈을 향한 못다 한 내 청춘을
임이 올 때까지 하늘을 바라보며
올곧은 향기로 끝끝내 피어나리

81. 가을이어라

한 잎 두 잎 떨어지는 이별에도
청사초롱 울긋불긋 꽃단장으로
설빔 같은 설레임을 내려 주시네요

낙화하는 아픔을 견디면서
지난 사랑에 목매는 이유를
한 송이 꽃 걸림으로 반겨 주시네요

보내는 것은 울꺽하고 외로운 것
내려앉아 임 떠난 후 고독들을
또작또작 견디고 미소로 반겨주시네요

82. 봄동

저리도 연약한 새순으로

노오랗게 익어서 웃음이 되기까지

한 생을 숨죽여 엎드린 채

쟁반같이 둥글게 웃고 있다

칼바람 서릿발도 온몸으로 보듬고

앉으나 서나 자식 걱정에

가슴이 노오랗게 곪아버린 어머니

83. 삶의 가시

직립한 몸뚱어리 가시로 온몸을
방어하고 자신들을 위하는 까칠한
나무들은 쓸모가 없다

한 생을 엎드린 채 깊은 저 속에서
진득하게 되기까지 이 아픔을 누가
다 알아줄까

자존감 높게 힘껏 살 수 있어야 하고
저리도록 아픔도 있지만 삶을 밀어 올리며
흐르는 것에 안겨야 한다

타인의 날카로움까지 씹어 기꺼이 삼키고
그들을 탓하지도 말고 지혜롭고
물이 흐르듯 걸어가자

84. 나의 졸시는

발가벗고 세상에 나와서 천사가 되고
악마도 된다

삶 자체가 시가 되고 자연으로 돌아가는
연습이다

작은 쪽배에 떠 있는 외로운 사형수가 된
느낌이여

못난 나를 다시 깨워서 침 발라 꾹꾹 눌러 쓴
시가 된다

내 영혼이 볼 수 있는 소통의 언어 소리가
살아서 생동하고

내 숨결 나의 자전으로 세상을 향해서 노래하고
춤을 춘다

85. 폭염

악다구니 송곳처럼 한 번 꽂히면
빠져나가지 못하게 무기처럼 날카롭다

끓는 가슴 천 길 불길을 터트려 보려는
속셈인가 거친 열기는 오디처럼 익어간다

찢어질 듯 녹는 색채의 향연은 스며들고
매캐한 연막으로 몰아붙이고

불잉걸 같은 존재감도 점점 흐려져
감당하지 못하고 창궐하는 모습이다

86. 몸뚱어리, 회가 되어

유혹하는 물의 발걸음 소리에 수백 번
위험한 고비를 넘기고

맹렬히 돌진하던 바닷속 추억이
가시처럼 박혀 있다

어둠이 정적 보자기로 육신을 덮어서
끝내 포박되더니

숫돌에 번갈아 날 선 칼끝에 내 혈서는
끝내 무너지고

굴곡 깊은 지느러미 추억에 퍼덕이다
숨 잃은 활어가 된 내 삶이여

87. 편지

어젯밤 가득 내린 눈들은 부둥켜 안고 서로 달빛에

반짝이는 대숲 아래 그대의 흔적들이 길게 이어진다

온몸이 타들어 가는지 가슴 안에 불이 당겨온다

나는 다시 딱딱한 사랑의 꽃 종자를 만들고 싶다

내 편지가 바람이 쉬고 눈비 그치면 그대에게 다가갈까

그대를 만날 수 있는 희망은 아직 가깝고 젊지만

그대가 앉은자리 그곳에 사랑 꽃이 언제쯤 피어 줄까

88. 코스모스

무더위를 횡단하다 끝 무렵에 피어 오는 사랑을

뜨겁게 불 지르다가 그리움으로 껴안고 피는 꽃들

목이 길게 늘어선 꽃들이 연인처럼 다정히 한들거린다

푹푹 파인 상처를 가슴 희고 붉게 수를 놓고서

떼를 지어 서걱이고 이리저리 바람에 흩날린다

봉긋 피어올라 불처럼 뜨거운 사랑 다시 해 볼까나

모두가 아파서 모인 꽃인지라 사랑을 뒤로 하고 서로

위로하려 뜨겁게 부둥켜안고 있다

넓은 저 둔치에서 그대찾는 꽃으로 다시 설 것이다

89. 행복하지요

칠흑같이 어두운 밤에도 언제나
밝음을 이야기 하니 행복하지요

그칠 줄 모르는 천둥비에도 언제나
맑은 날을 이야기 하니 행복하지요

고단한 세월 어깨를 내어주면서
함께하자 이야기 하니 행복하지요

삭풍에도 따뜻한 말 한마디에 훈훈하게
웃을 수 있으니 행복하지요

힘들고 외로운 가슴을 부여잡고 늘
마음을 함께 전해주니 행복하지요

90. 폭우

목적을 위해서 나는 어디를 가기 위해 걷는 것이 아니다
저 많은 생명을 위한 지극히 당연한 삶이지만, 나도 완벽한 피조물이 아니기에 한때 비뚤어져 악다구니 욱하여 쓸데없이 탐욕을 부릴 때가 있다
지금이 그 때 같아서 미안한 마음이다
나도 모르게 거침없고 경망스러운 그 상처로 자각하며 울고 있다
삶이 이처럼 그 누구도 한 치도 모르는가보다 나도 나를 모르겠다
아까운 저 생명 앞에 나는 통렬히 반성한다
내 몸이 너무 과하게 흘러버렸다
하나뿐인 내 몸의 독을 다 빼내고 이제 막을 것이다
이제 희고 검은 구름도 맑은 구름으로 바꾸고 떠날 것이다

91. 친구의 부음

한 사내가 검은 구름에 맞서다가
검은 구름이 되어버렸다

맑은 구름도 언제 다시 먹물로
돌변할지 아무도 모른다

햇빛은 먹구름 속으로 빛을 잃고
무너진 축은 얼음 조각들이 박혀 있다

한결같이 편한 얼굴이 어제 같은데
숨어 있는 삶을 꺼내 본다

사느라 널브러져 안부 전할 틈도 없이
먹구름 마음이 그물에 걸려 있다

92. 장한평역 3번 출구

어김없이 그 시간이 되면 스펀지에 물을 만난 듯

꼬리에 꼬리를 문 행렬들이 거대한 용 줄이 된다

지상에서 지하로 지하에서 지상으로 역은 휘어진다

빠르게 휘도록 풍기는 쇳내는 밀물처럼 썰물처럼

우르르 더듬어 밀려오고 일순간 땅속이 꼼지락거린다

곡선의 철길은 촉각을 세우고 삶을 어르고 달랜다

지하철은 아침을 만들고 하루를 만들고 이웃을 만들어

빠르게 도는 물결 위에 도시의 하루가 점점 지워간다

93. 삼부연 폭포

숲 아래 삼단 밑으로
솔 향기 되알지게
나를 낮추고 흐른다

먼 길은 잘게 쪼개서
마음은 늘 기다랗다

보석으로 만든 땀방울
희망의 몸으로 던져서

긴 강의 길을 그리며
내 몸은 쉼 없는 길을
아래로 향한다

94. 넝쿨꽃, 그녀

꽃망울에 끼여 꺼이꺼이
울고 있던 그녀의 모습이
바람에 읽어내린다

열정을 향한 두툼한 그리움은
촉광 위에 사무친
애달픔이었을까

그 어여쁜 모습이 달빛에 벗겨지고
밤이면 점점 멀어진다

핑크빛 그 향기의 담벼락은
지금도 그 추억을 생생히
기억하고 있을까

95. 향기나는 친구

언 땅을 힘차게 뚫고 나와서
티격태격 다투다가 꽃이 된다

마음을 묻고 대답하여 같은 길을
같이 동행한다

어깨도 내어주고 찬바람을 견디며
여행길도 동행한다

눈 비도 맞고, 삶을 동행하다가
우리 구천 길도 함께 걸어볼까?

96. 그대 참 아름다워요

당신의 향기는 감질나게
등을 타고 돋아나요

밤하늘에 많은 별빛보다 더
빛나고 아름다워요

창가를 타는 임의 모습이
눈이 부시도록 이쁘기도 하여요

나를 꽃처럼 불러주는 그대 입술은
언제나 향기가 퍼져요

97. 일어나요 김인호

깻잎 하나 의지하고 가시처럼
살아온 시골뜨기 삶 속에서

그대는 혼자의 몸이 아니고
우리 모두의 몸입니다

김인호의 존재가 주민들은
희망이자 설렘입니다

간절한 기다림 하나로 살아왔고
그 자체로 행복합니다

향기나는 꽃이 피어야 봄이 오듯이
따뜻한 새봄을 믿습니다

제5시집

작가의 글

내 글에서 나를 만나다

최흥규

글 쓰기란 나의 수준에 맞게 나의 언어로 글을 써 가면 그 속에서 나를 발견 한다. 나는 흩어져 거칠게 날뛰는 구술 같아서 그 글을 구술로 꿰메는 과정이고, 나를 알아가는 과정이기도 하다. 자신의 마음과 자신의 생각을 잘 정돈하고 내 순수한 언어로 글을 쓴다는 것은 거룩하고 통쾌한 일이다. 세상 이치를 자신의 언어로 구도자가 되어 우주속에 의미를 부여하고 차이를 생성하는 시공간에 원리를 찾아내는 감각적 리듬이컬한 과정인 것이다.

하여, 글 쓰기란 정신적 생각과 신체를 맑고 정갈하게 살아가는 과정이고, 나 자신을 있는 그대로 표현하고 거칠고 투박한 것을 솔직하게 토해내는 사계절의 과정인 것이다. 흠이 많고 거친 나 자신을 빛깔이 고은 청잣빛 도자기로 조심스럽게 만들어 가는 과정이고, 나를 돌아보는 계기이고 성찰하고 수행이며, 그 곳에 반드시 내가 있다.

글 쓰기를 통해서 잘 못 된 자신의 관념의 인식을 변화시키고, 나 자신을 탐구하는 과정이므로 나의 부족한 것들을 두려워 하지 말고 세상에 알리는 일이다. 나 스스로 이토록 투박하고 모자라는 것을 두려워 하지 말고, 진취적으로 발전해 가는 글의 움직임을 한 걸음씩 천천히 걸어가 듯 쓰면 된다.

그렇다면 글을 어떻게 쓸 것인가. 온 우주는 쉬지 않고 끝없이 움직이는 자연의 순환이다. 그래서 자연이 위대하고 원대하다. 자연의 움직임의 순환속에서 관찰하고 터득한 것이 곧 사계절이고, 오랜 세월을 반복적으로 관찰을 통해서 해와 달 음력과 양력 시계 이런 것들을 알게 되는 것이다. 이 흐름을 잘 잡아 내면 글을 쉽게 쓸 수 있다.

우리의 삶도 자연의 일부분이고 나무의 삶처럼 우주의 순환속에 사계절이 반드시 있다. 새순이 나오고 그 것이 푸르게 만들고 푸르름으로 살다가 열매를 만들고, 낙엽은 스스로 떨구는 노년기가 있듯이 사람도 유년기, 청년기, 장년기, 노년기를 거쳐서 삶은 소멸 된다. 어떤 생명체든 태어난다는 것은 곧 죽음을 암시 하기에 죽음 뒤에 내 이름을 부끄럽지 않게 살아야 한다.

남녀가 만나서 사랑하는 것도 마찮가지다. 사계절의 원리처럼 각자의 사랑이 길고 짧음의 차이가 있을 뿐이고, 봄은 강열하게 불꽃 튀듯이 땅을 뚫고 새싹이 나오는 만남이 있고, 여름은 햇불같이 뜨거운 정열적 사랑이 있고, 가을은 그 열정이 점점 식으면 데면데면 심드렁 하는 권태기가 있고, 겨울은 그 뒤로 추운 이별하는 아픔이 이어지는 것이고, 그래서 자연속에 삶은 우주가 활동운화 하는 것이고 끝없이 변화하는 함축된 삶인 것이다.

우리가 책만 읽고 글을 안 쓰면, 글을 읽고 스치듯 감상만 하고 그 지식이 내 것으로 흡수가 안 된다. 사랑이 스치기만 하면 당연히 열매도 없는 것처럼, 책을 읽고 난 뒤에 글을 안 쓰면, 그 내용들이 대부분 바람과 함께 사위어진다. 책 속에 수많은 정보들이 내 것이 안 된다는 뜻이다. 인간이 공부하고 지식인이 된다는 것은 언어의 창조이다. 그 많은 언어들이 내 것으로 만들고 그 것을 쓸 수 있으면 바로 지성인이 되는 것이다.

글을 쓰면 우리의 시각과 안목의 세상은 더 넓고 밝게 지평선이 열린다. 내공이 지평선 처럼 넓어진다는 뜻이고, 곧 마음도 같은 방향으로 점점 포근하고 넓어진다. 공부를 한다는 것은, 결국, 정제 된 언어와 문체를 창출해 내는 것이고, 그 언어와 문체들을 습작을 통해서 내 것으로 만들어 내는 과정이며 말과 행동으로 이어져서 인격체로 이어지는 과정이다.

글을 쓰는 것은 금방 뚝딱 되는 것은 아니다. 계절이 나뉘어져 새로운 것들을 생성하면서 한 걸음씩 뚜벅뚜벅 그 목적을 향해서 걸어가는 과정처럼, 글 쓰기도 한 걸음부터 차분하게 습작의 길을 걸으면서 삶의 희로애락을 접목 시켜서 글의 형식을 빌려서 써 가면 되는 것이다.

인간은 탐욕과 욕망의 감각에서 자신이 중요하다고 생각하는 것은 절대로 변하지 않는다. 일종에 아집과 고집이다. 지금까지 자신이 살아온 미덕이나 가치가 절대적으로 옳다는 생각하기 때문이다. 그래서 자신이 글을 써서 세상에 내놓으면 독자들을 통해서 내 사유와 일치하지 않는다는 것을 점점 알게 된다. 그래서 삶을 지배해 온 자신의 가치관 패턴이 점점 바뀌게 되는 전환점이 오는 것이다. 그래서 글

쓰기는 곧 나를 만나고 합리적으로 인식의 패턴을 바꾸게 되는 것이다.

좋은 글을 쓰기 위해서는 진정으로 순수하고 거룩하고 간절하게 원하고 발원해야 한다. 소중하게 생각하는 가치를 글로써 표현하는 아름다운 과정인 것이고, 결국 스스로 내 감정을 분산하는 일을 조심하고 내 감정을 합리화 시켜서는 안 된다. 글 속에서 잘 짜여진 미덕이나 자신의 가치를 독자들은 알아주면 좋지만, 사계절의 원리처럼 쉼없이 세월따라 나도 자연속에서 흘러가고 있다는 것을 글로 느끼고 꾸준히 쉽게 표현 하면 되는 것이다.

쓰기전에 먼저 해야 할 것은, 글의 맥락을 조리있게 잘 잡아보고, 글의 제목과 관계있는 개성이 있고 순수한 언어들이 잘 연결을 시키고 생각과 새로운 문장들을 완성해 나가면 점점 마음도 뿌듯한 글들이 창출될 것이다.

글은 자신을 성찰하고 하루하루 움직여 살아가는 생동감이고 스스로 발걸음이 끝없는 욕망들을 자연속으로 융합하고 양생으로 노력하면서 이 아름다운 자연 속 삶을 고귀하게 남겨져야 된다는 생각으로 쓰면 된다. 그 것이 곧 나 자신이 바르게 잘 살고 있다는 증표이기도 하다.

현대인은 탐욕과 욕망의 덫에 걸려서 늘 불안하다. 아무리 재산이 많고 돈이 많아도 불안하다. 집, 자동차, 부동산을 무겁게 머리에 이고 있으면서도 불안하다. 우리는 이 욕망의 그늘을 전환해야 한다. 그러기 위해서는 글을 읽고 쓰는 습관을 가지면 저절로 내 삶의 지혜와 행복을 가져다 주는 좋은 이웃과 좋은 친구는 곧 내 행복의 열쇠라는 것을 알아야 한다.

시나 소설 칼럼등 예술적인 분야에서는 특별한 공부와 많은 습작이 필요하겠지만, 일반적인 글들은 한글만 알면 누구나 다 쓸 수 있다. 정성을 다하고 마음을 정갈하게 글을 쓰는 사람을 비판하는 사람은 없다. 글을 쓰는 사람들이 정해진 것도 없다. 나 자신의 이름을 남기고, 영원히 늙지도 않는 글을 쓰는 것 만큼, 영원불멸 하늘아래 이보다 더 소중한 가치가 없는 것이고, 그 것을 통해서 나를 만나는 것이고, 이렇게 아름답고 행복한 일이 또 없기 때문이다.

글 쓰기란

최홍규

삶은 붉은색도 검은색도 아니다. 글 쓰기란 내 사유(思惟)의 색깔을 핑크빛으로 타인(他人)에게 부드럽고 예쁘게 포장해서 전달하는 것이다. 즉 물건을 예쁘게 포장하는 것과 같다.

시시때때로 흔적없이 지나가는 세월의 아쉬움을 부여잡고, 그 간절한 마음을 호소 하듯이 글로 옮겨 쓰는 것이 또한 글 쓰기다.

고단한 삶의 억겁속에서 억울하고 힘겨움을 글 쓰기를 통해서 세상살이가 척박하고 버거운 것만이 아니고, 아름다운 것들이 너무도 많다고 타인에게 간절하게 하소연 하듯이 자신의 감정을 글로 옮겨 쓰는 것도 좋은 글 쓰기다.

세상사 근심 걱정 슬픔과 노여움이 없는 사람이 있겠는가, 그것을 열심히 살아보자고 마음으로 아름답게 승화시켜서 힘든 삶을 보듬고 위로 하는 것 또한 글쓰기다.

우리의 삶이 아무런 의미 없이 그냥 하루하루 살듯이 글 쓰기도 유유자적(悠悠自適) 노를 젓듯이 일필휘지(一筆揮之) 그냥 쓰고 나중에 교정해 가면 된다. 그렇지만 자신이 쓰고자 하는 글의 구체성이 디테일하고 분명하게 나와야 된다.

절대로 자신을 자랑하거나 미사어구를 자꾸 쓰면 그 글은 이미 검은 글이다.

글 쓰기는 재능이 아니고, 노력의 결과물이다. 우리의 삶이 자연의 일부분으로 그냥 살듯이, 독서를 많이 하면서 꾸준히 글을 쓰면 된다. 독서와 글 쓰기는 한 몸이고, 글을 쓰는 사람은 항상 마음이 부지런하고 풍요롭다. 어떤 사물들을 허투로 보지 않고 마음이 부지런 하고 그냥 지나치지 않고, 대화를 시도해 본다. 나는 삶이 버겁고 힘든데, 너의 삶은 어떠냐? 이렇게 물어보면서 대답하는 형식으로 글 쓰기를 하면 된다.

사물과 대화를 통해서 글은 진중함 중량감이 높아지고 철이 빨리든다. 그래서 힘든 삶의 언저리에서 그 무엇을 좋은 방향으로 복구해 보려는 아쉬운 심상이 돋아나는 것이다. 꾸준히 글을 쓰다보면 자신도 모르게 수준이 높아진다. 하여, 글 쓰기를 두려워 말아야 한다. 맞춤법 띄어쓰기를 두려워 말아야 한다. 내 글 수준이 낮다는 생각도 버리고, 타인에게 내 글을 두려워 말고 자꾸 보여줘야 발전이 있다.

길을 가다가 꽃에게 너는 걱정거리 없이 참으로 아름답고 화려하게 피었구나 감탄스럽구나, 혼자서 이렇게 관찰하고 스치기만 하면, 아무것도 얻는 것이 없지만, 꽃과 대화하는 글을 써보면 자신이 많은 것을 배우게 된다. 시각, 청각, 미각, 촉각, 후각, 이러한 것들이 내면을 파고들어 글을 잘 쓸 수 있고 성실하게 살아갈 수 밖에 없다.

꽃아 너는 무엇으로 표현할 수 없을 정도로 아름답구나 이렇게 묻는다면 꽃은 무어라 대답할까? 삼라만상 살아가는 자체가 괴뇌인데 어느 생명체가 고민이 없고 걱정거리 없게 살아가는 생명체가 있을까요? 저 꽃도 비 바람을 이겨 내야 되는 것이고, 벌 나비가 찾아오면 제 몸을 아프도록 쥐어짜서 꿀도 선물해야 되는 것이고, 삶의 고단함을 격하게 토로할 것이다. 그 고단함을 받아서 아름답고 살맛나게 서정적으로 표현하는 것이 바로 글 쓰기이다.

일반 사람들이 글쓰기를 주저하는 이유는 책을 안 읽으니까 배경과 에너지가 부족한 상태에서 처음부터 기성 작가처럼 잘 쓰려고 하니까 잘 안 되는 것이고, 글 쓰기가 힘들다고 하소연 한다. 무엇인들 단박에 처음부터 바로 잘 되는게 있을까, 글 쓰기도 마찬가지다. 글을 쉽고 편하게 쓰려는 마음을 갖는다면 누구나 쉽게 글을 잘 쓸 수 있다.

처음에 글을 쓰기를 시작하면 모든 것들이 자신이 주어가 되지만, 글쓰기 습작을 계속 이어지면 자신은 점점 뒤로 살아지고 타인의 삶, 나무의 삶, 꽃의 삶을 의인화 시켜서 전면만 보이는 게 아니고 옆면 뒷면 사방팔방 입체감까지도 예리하게 글로 잘 표현할 수가 있다.

글 쓰기 습작이 어느정도 경험이 쌓이면, 자신의 주어가 후방으로 가기도 하고, 타인으로 이렇게 저렇게 바꾸기도 하고 주어가 없어지기도 한다. 일종에 탈런트 연예인처럼 글이 카멜레온이 되어서 그 사람의 입장을 대변하는 입장으로 글을 쓰기도 한다. 그래서 글 쓰기를 시작하면 부지런한 사람으로 변하고, 모든 사물을 그냥 허투로 보질 않는다.

글을 잘 쓰기 위해서는 끊임없이 제공되는 글의 에너지인 봄 여름 가을 겨울이 둥근 지구를 따라가며 변해가는 자연의 이치에 무한으로 자료가 있고, 그 자연의 섭리와 이치에서 글 쓰기를 배우면 된다. 중요한 것은 사랑해야 한다. 사람은 사랑한 만큼 생명이 유지되는 것이고, 그 사랑의 에너지로 글을 쓸 수 있기 때문이다.